ARTHUR SCHOPENHAUER

ESSAI SUR LES FEMMES

Parerga & paralipomena

Traduction par J. Bourdeau

Books On demand

© 2019 Arthur Schopenhauer (Domaine Public)
Design graphique, conception éditoriale et mise en page par FGM
Edition : Books on Demand, 12/14, Rond ‑ Point des Champs-Elysées, 75008 Paris (France)
Impression : Books on Demand GmbH, Norderstedt (Allemagne).
ISBN : 9782322017843
Dépôt légal : mai 2019

ESSAI SUR LES FEMMES

Le seul aspect de la femme révèle qu'elle n'est destinée ni aux grands travaux de l'intelligence, ni aux grands travaux matériels. Elle paie sa dette à la vie non par l'action mais par la souffrance, les douleurs de l'enfantement, les soins inquiets de l'enfance ; elle doit obéir à l'homme, être une compagne patiente qui le rassérène. Elle n'est faite ni pour les grands efforts, ni pour les peines ou les plaisirs excessifs ; sa vie peut s'écouler plus silencieuse, plus insignifiante et plus douce que celle de l'homme, sans qu'elle soit, par nature, ni meilleure ni pire.

Ce qui rend les femmes particulièrement aptes à soigner, à élever notre première enfance, c'est qu'elles restent elles-mêmes puériles, futiles et bornées ; elles demeurent toute leur vie de grands enfants, une sorte d'intermédiaire entre l'enfant et l'homme. Que l'on observe une jeune fille folâtrant tout le long du jour avec un enfant, dansant et chantant avec lui, et qu'on imagine ce qu'un homme, avec la meilleure volonté du monde, pourrait faire à sa place.

Chez les jeunes filles, la nature semble avoir voulu faire ce qu'en style dramatique on appelle un coup de théâtre ; elle les pare pour quelques années d'une beauté, d'une grâce, d'une perfection extraordinaires, aux dépens de tout le reste de leur vie, afin que pendant ces rapides années d'éclat elles puissent s'emparer fortement de l'imagination d'un homme et l'entraîner à se charger loyalement d'elles d'une manière quelconque. Pour réussir dans cette entreprise la pure réflexion et la raison ne donnaient pas de garantie suffisante. Aussi la nature a-t-elle armé la femme, comme toute autre créature, des armes et des instruments nécessaires pour assurer son existence et seulement pendant le temps indispensable, car la nature en cela agit avec son économie habituelle : de même que la fourmi femelle, après son union avec le mâle, perd les ailes qui lui deviendraient inutiles et même dangereuses pour la période d'incubation, de même aussi la plupart du temps, après deux ou trois couches, la femme perd sa beauté, sans doute pour la même raison. De là vient que les jeunes filles regardent généralement les occupations du ménage ou les devoirs de leur état comme des choses accessoires et de pures bagatelles, tandis qu'elles reconnaissent leur véritable vocation dans l'amour, les conquêtes et tout ce qui en dépend, la toilette, la danse, etc.

Plus une chose est noble et accomplie, plus elle se développe lentement et tardivement. La raison et l'intelligence de l'homme n'atteignent guère tout leur développement que vers la vingt-huitième année ; chez la femme, au contraire, la maturité de l'esprit arrive à la dix-huitième année. Aussi n'a-t-elle qu'une raison de dix-huit ans bien strictement mesurée. C'est pour cela que les femmes restent toute leur vie de vrais enfants. Elles ne voient que ce qui est sous leurs yeux, s'attachent au présent, prenant l'apparence pour la réalité et préférant les niaiseries aux choses les plus importantes. Ce qui distingue l'homme de l'animal c'est la raison ; confiné dans le présent, il se reporte vers le passé et songe à l'avenir : de là sa prudence, ses soucis, ses appréhensions fréquentes. La raison débile de la femme ne participe ni à ces avantages, ni à ces inconvénients ; elle est affligée d'une myopie intellectuelle qui lui permet, par une sorte d'intuition, de voir d'une façon pénétrante les choses prochaines ; mais son horizon est borné, ce qui est lointain lui échappe. De là vient que tout ce qui n'est pas immédiat, le passé et l'avenir, agissent plus faiblement sur la femme que sur nous : de là aussi ce penchant bien plus fréquent à la prodigalité, qui parfois touche à la démence. Au fond du cœur les femmes s'imaginent que les hommes sont faits pour gagner de l'argent et les femmes pour le dépenser ; si elles en sont empêchées pendant la vie de leur mari, elles se dédommagent après sa mort. Et ce qui contribue à les confirmer dans cette conviction, c'est que leur mari leur donne l'argent et les charge d'entretenir la maison. — Tant de côtés défectueux sont pourtant compensés par un avantage : la femme plus absorbée dans le moment présent, pour peu qu'il soit supportable en jouit plus que nous ; de là cet enjouement qui lui est propre et la rend capable de distraire et parfois de consoler l'homme accablé de soucis et de peines.

Dans les circonstances difficiles il ne faut pas dédaigner de faire appel, comme autrefois les Germains, aux conseils des femmes ; car elles ont une manière de concevoir les choses toute différente de la nôtre. Elles vont au but par le chemin le plus court, parce que leurs regards s'attachent, en général, à ce qu'elles ont sous la main. Pour nous, au contraire, notre regard dépasse sans s'y arrêter les choses qui nous crèvent les yeux, et cherche bien au delà ; nous avons besoin d'être ramenés à une manière de voir plus simple et plus rapide. Ajoutez à cela que les femmes ont décidément un esprit plus posé, et ne voient dans les choses que ce qu'il y a réellement ; tandis que, sous le coup de nos passions excitées, nous grossissons les objets, et nous nous peignons des chimères.

Les mêmes aptitudes natives expliquent la pitié, l'humanité, la sympathie que les femmes témoignent aux malheureux, tandis qu'elles sont inférieures aux hommes en tout ce qui touche à l'équité, à la droiture et à la scrupuleuse probité. À cause de la faiblesse de leur raison, tout ce qui est présent, visible et immédiat, exerce sur elles un empire contre lequel ne sauraient prévaloir ni les abstractions, ni les maximes établies, ni les résolutions énergiques, ni aucune considération du passé ou de l'avenir, de ce qui est éloigné ou absent. Elles ont de la vertu les qualités premières et principales, mais les secondaires et les accessoires leur font défaut….. Aussi l'injustice est-elle le défaut capital des natures féminines. Cela vient du peu de bon sens et de réflexion que nous avons signalé, et ce qui aggrave encore ce défaut, c'est que la nature, en leur refusant la force, leur a donné, pour protéger leur faiblesse, la ruse en partage ; de là leur fourberie instinctive et leur invincible penchant au mensonge. Le lion a ses dents et ses griffes ; l'éléphant, le sanglier ont leurs défenses, le taureau a ses cornes, la sèche a son encre, qui lui sert à brouiller l'eau autour d'elle ; la nature n'a donné à la femme pour se défendre et se protéger que la dissimulation ; cette

faculté supplée à la force que l'homme puise dans la vigueur de ses membres et dans sa raison. La dissimulation est innée chez la femme, chez la plus fine, comme chez la plus sotte. Il lui est aussi naturel d'en user en toute occasion qu'à un animal attaqué de se défendre aussitôt avec ses armes naturelles ; et en agissant ainsi, elle a jusqu'à un certain point conscience de ses droits : ce qui fait qu'il est presque impossible de rencontrer une femme absolument véridique et sincère. Et c'est justement pour cela qu'elle pénètre si aisément la dissimulation d'autrui et qu'il n'est pas prudent d'en faire usage avec elle.
— De ce défaut fondamental et de ses conséquences naissent la fausseté, l'infidélité, la trahison, l'ingratitude, etc. Les femmes aussi se parjurent en justice bien plus fréquemment que les hommes, et ce serait une question de savoir si on doit les admettre à prêter serment. — Il arrive de temps en temps que des dames, à qui rien ne manque, sont surprises dans les magasins en flagrant délit de vol.

Les hommes jeunes, beaux, robustes, sont destinés par la nature à propager l'espèce humaine, afin que celle-ci ne dégénère pas. Telle est la ferme volonté que la nature exprime par les passions des femmes. C'est assurément de toutes les lois la plus ancienne et la plus puissante.

Malheur donc aux intérêts et aux droits qui lui font obstacle. Ils seront, le moment venu, quoiqu'il arrive, impitoyablement écrasés. Car la morale secrète, inavouée et même inconsciente, mais innée des femmes, est celle-ci : « Nous sommes fondées en droit à tromper ceux qui s'imaginent qu'ils peuvent, en pourvoyant économiquement à notre subsistance, confisquer à leur profit les droits de l'espèce. C'est à nous qu'ont été confiés, c'est sur nous que reposent la constitution et le salut de l'espèce, la création de la génération future ; c'est à nous d'y travailler en toute conscience. » Mais les femmes ne s'intéressent nullement à ce principe supérieur *in abstracto*, elles le comprennent seulement *in concreto*, et n'ont, quand l'occasion s'en présente, d'autre manière de l'exprimer que leur manière d'agir ; et sur ce sujet leur conscience les laisse bien plus en repos qu'on ne pourrait le croire, car dans le fond le plus obscur de leur cœur, elles sentent vaguement qu'en trahissant leurs devoirs envers l'individu, elles le remplissent d'autant mieux envers l'espèce qui a des droits infiniment supérieurs.

Comme les femmes sont uniquement créées pour la propagation de l'espèce et que toute leur vocation se concentre en ce point, elles vivent plus pour l'espèce que pour les individus, et prennent plus à cœur les intérêts de l'espèce que les intérêts des individus. C'est ce qui donne à tout leur être et à leur conduite une certaine légèreté et des vues opposées à celles de l'homme : telle est l'origine de cette désunion si fréquente dans le mariage, qu'elle en est devenue presque normale.

Les hommes entre eux sont naturellement indifférents ; les femmes sont, par nature, ennemies. Cela doit tenir à ce que l'*odium figulinum*, la rivalité qui est restreinte chez les hommes à chaque corps de métier, embrasse chez les femmes toute l'espèce, car elles n'ont toutes qu'un même métier, qu'une même affaire. Dans la rue, il suffit qu'elles se rencontrent pour qu'elles échangent déjà des regards de Guelfes et de Gibelins. Il saute aux yeux qu'à une première entrevue deux femmes ont plus de contrainte, de dissimulation et de réserve que n'en auraient deux hommes en pareil cas. Pour la même raison les compliments entre femmes semblent plus ridicules qu'entre hommes. Remarquez en outre que l'homme parle en général avec quelques égards et une certaine humanité à ses subordonnés même les plus infimes, mais il est insupportable de voir avec quelle hauteur une femme du monde s'adresse à une femme de classe inférieure, quand elle n'est pas à son service. Cela tient peut-être à ce qu'entre femmes, les différences de rang sont infiniment plus précaires que chez les hommes et que ces différences peuvent être modifiées ou supprimées aisément ; le rang qu'un homme occupe dépend de mille considérations ; pour les femmes une seule décide de tout : l'homme à qui elles ont su plaire. Leur unique fonction les met sur un pied d'égalité bien plus marqué, aussi cherchent-elles à créer entre elles des différences de rang.

Il a fallu que l'intelligence de l'homme fût obscurcie par l'amour pour qu'il ait appelé beau ce sexe de petite taille, aux épaules étroites, aux larges hanches et aux jambes courtes ; toute sa beauté en effet réside dans l'instinct de l'amour. Au lieu de le nommer beau, il eût été plus juste de l'appeler l'*inesthétique*. Les femmes n'ont ni le sentiment, ni l'intelligence de la musique, pas plus que de la poésie ou des arts plastiques ; ce n'est chez elles que pure singerie, pur prétexte, pure affectation exploitée par leur désir de plaire. Elles sont incapables de prendre une part désintéressée à quoi que ce soit, en voici la raison. L'homme s'efforce en toute chose de dominer directement soit par l'intelligence, soit par la force ; la femme, au contraire, est toujours et partout réduite à une domination absolument indirecte, c'est-à-dire qu'elle n'a de pouvoir que par l'homme, et c'est sur lui seul qu'elle exerce une influence immédiate. En conséquence, la nature porte les femmes à chercher en toutes choses un moyen de conquérir l'homme, et l'intérêt quelles semblent prendre aux choses extérieures est toujours une feinte, un détour, c'est-à-dire pure coquetterie et pure singerie. Rousseau l'a dit : « Les femmes en général n'aiment aucun art, ne se connaissent à aucun et n'ont aucun génie . » Ceux qui ne s'arrêtent pas aux apparences ont pu le remarquer déjà. Il suffit d'observer par exemple ce qui occupe et attire leur attention dans un concert, à l'opéra ou à la comédie, de remarquer le sans façon avec lequel, aux plus beaux endroits des plus grands chefs-d'œuvre, elles continuent leur caquetage. S'il est vrai que les Grecs n'aient pas admis les femmes au spectacle, ils ont eu bien raison ; dans leurs théâtres l'on pouvait du moins entendre quelque chose. De notre temps, il serait bon d'ajouter au *mulier taceat in ecclesia*, un *taceat mulier in theatro*, ou bien de substituer un précepte à l'autre, et de suspendre ce dernier en gros caractères sur le rideau de la scène. — Mais que peut on attendre de mieux de la part des femmes, si l'on réfléchit que dans le monde entier, ce sexe n'a pu produire un seul esprit véritablement grand, ni une œuvre complète et originale dans les beaux-arts, ni en quoi que ce soit un seul ouvrage d'une valeur durable. Cela est saisissant dans la peinture ; elles sont pourtant aussi capables que nous d'en saisir le côté technique et elles cultivent assidûment cet art, sans pouvoir se faire gloire d'un seul chef-d'œuvre, parce qu'il leur manque justement cette objectivité de l'esprit qui est surtout nécessaire dans la peinture ; elles ne peuvent sortir d'elles-mêmes. Aussi les femmes ordinaires ne sont même pas capables d'en sentir les beautés, car *natura non facit saltus*. Huarte, dans son ouvrage célèbre « *Examen de ingenios para las sciencias* », qui date de 300 ans, refuse aux femmes toute capacité supérieure. Des exceptions isolées et partielles ne changent rien aux choses ; les femmes sont, et resteront, prises dans leur ensemble, les Philistins les plus accomplis et les plus incurables. Grâce à notre organisation sociale, absurde au suprême degré, qui leur fait partager le titre et la situation de l'homme si élevés qu'ils soient, elles excitent avec acharnement ses ambitions les moins nobles, et par une conséquence naturelle de cette absurdité, leur domination, le ton qu'elles imposent, corrompent la société moderne. On devrait prendre pour règle cette sentence de Napoléon Ier : « Les femmes n'ont pas de rang. » Chamfort dit aussi très justement : « Elles sont faites pour commercer avec nos faiblesses, avec notre folie, mais non avec notre raison. Il existe entre elles et les hommes des sympathies d'épiderme, et très peu de sympathies d'esprit, d'âme et de caractère. » Les femmes sont le *sexus sequior*, le sexe second à tous égards, fait pour se tenir à l'écart et au second plan. Certes, il faut épargner leur faiblesse, mais il est ridicule de leur rendre hommage, et cela même nous dégrade à leurs yeux. La nature, en séparant l'espèce humaine en deux catégories, n'a pas fait les parts égales...... — C'est bien ce qu'ont pensé de tout temps les anciens et les peuples de l'Orient ; ils se rendaient mieux compte du rôle qui convient aux femmes, que nous ne le faisons avec notre galanterie à l'ancienne mode française et notre stupide vénération, qui est bien l'épanouissement le plus complet de la sottise germano-chrétienne. Cela n'a servi qu'à les rendre si arrogantes, si impertinentes : parfois elles me font penser aux singes sacrés de Bénarès, qui ont si bien conscience de leur dignité sacro-sainte et de leur inviolabilité, qu'ils se croient tout permis.

La femme en Occident, ce qu'on appelle *la dame*, se trouve dans une position tout à fait fausse, car la femme, le *sexus sequior* des anciens, n'est nullement faite pour inspirer de la vénération et recevoir des hommages, ni pour porter la tête plus haute que l'homme, ni pour avoir des droits égaux aux siens. Les conséquences de cette *fausse position* ne sont que trop évidentes. Il serait à souhaiter qu'en Europe on remit à sa place naturelle ce numéro deux de l'espèce humaine et que l'on supprimât la *dame*, objet des railleries de l'Asie entière, dont Rome et la Grèce se seraient également moquées. Cette réforme serait au point de vue politique et social un véritable bienfait. Le principe de la loi salique est si évident, si indiscutable, qu'il semble inutile à formuler. Ce qu'on appelle à proprement parler la dame européenne est une sorte d'être qui ne devrait pas exister. Il ne devrait y avoir au monde que des femmes d'intérieur, appliquées au ménage, et des jeunes filles aspirant à le devenir, et que l'on formerait non à l'arrogance, mais au travail et à la soumission. C'est précisément parce qu'il y a des dames en Europe que les femmes de la classe inférieure, c'est-à-dire la grande majorité, sont infiniment plus à plaindre qu'en Orient[2].

Les lois qui régissent le mariage en Europe supposent la femme égale de l'homme, et ont ainsi un point de départ faux. Dans notre hémisphère monogame, se marier, c'est perdre la moitié de ses droits et doubler ses devoirs. En tout cas, puisque les lois ont accordé aux femmes les mêmes droits qu'aux hommes, elles auraient bien dû aussi leur conférer une raison virile. Plus les lois confèrent aux femmes des droits et des honneurs supérieurs à leur mérite, plus elles restreignent le nombre de celles qui ont réellement part à ces faveurs, et elles enlèvent aux autres leurs droits naturels, dans la même proportion où elles en ont donné d'exceptionnels à quelques privilégiées. L'avantage que la monogamie et les lois qui en résultent accordent à la femme, en la proclamant l'égale de l'homme, ce qu'elle n'est à aucun point de vue, produit cette conséquence que les hommes sensés et prudents hésitent souvent à se laisser entraîner à un si grand sacrifice, à un pacte si inégal. Chez les peuples polygames chaque femme trouve quelqu'un qui se charge d'elle, chez nous au contraire le nombre des femmes mariées est bien restreint et il y a un nombre infini de femmes qui restent sans protection, vieilles filles végétant tristement, dans les classes élevées de la société, pauvres créatures soumises à de rudes et pénibles travaux, dans les rangs inférieurs. Ou bien encore elles deviennent de misérables prostituées, traînant une vie honteuse et amenées par la force des choses à former une sorte de classe publique et reconnue, dont le but spécial est de préserver des dangers de la séduction les heureuses femmes qui ont trouvé des maris ou qui en peuvent espérer. Dans la seule ville de Londres, il y a 80,000 filles publiques : vraies victimes de la monogamie, cruellement immolées sur l'autel du mariage. Toutes ces malheureuses sont la compensation inévitable de la dame européenne, avec son arrogance et ses prétentions. Aussi la polygamie est-elle un véritable bienfait pour les femmes considérées dans leur ensemble. De plus, au point de vue rationnel, on ne voit pas pourquoi, lorsqu'une femme souffre de quelque mal chronique, ou qu'elle n'a pas d'enfants, ou qu'elle est à la longue devenue trop vieille, son mari n'en prendrait pas une seconde. Ce qui a fait le succès des Mormons, c'est justement la suppression de cette monstrueuse monogamie. En accordant à la femme des droits au-dessus de sa nature, on lui a imposé également des devoirs au-dessus de sa nature ; il en découle pour elle une source de malheurs. Ces exigences de classe et de fortune sont en effet d'un si grand poids que l'homme qui se marie commet une imprudence s'il ne fait pas un mariage brillant ; s'il souhaite rencontrer une femme qui lui plaise parfaitement, il la cherchera en dehors du mariage, et se contentera d'assurer le sort de sa maîtresse et celui de ses enfants. S'il peut le faire d'une façon juste, raisonnable, suffisante et que la femme cède, sans exiger rigoureusement les droits exagérés que le mariage seul lui accorde, elle perd alors l'honneur, parce que le mariage est la base de la société civile, et elle se prépare une triste vie, car il est dans la nature de l'homme de se préoccuper outre mesure de l'opinion des autres. Si, au contraire, la femme résiste, elle court risque d'épouser un mari qui lui déplaise ou de sécher sur place en restant vieille fille ; car elle a peu d'années pour se décider. C'est à ce point de vue de la monogamie qu'il est bon de lire le profond et savant traité de Thomasius « *De concubinatu* ». On y voit que chez tous les peuples civilisés de tous les temps, jusqu'à la Réforme, le concubinat a été une institution admise, jusqu'à un certain point légalement reconnue et nullement déshonorante. C'est la réforme luthérienne qui l'a fait descendre de son rang, parce qu'elle y trouvait une justification du mariage des prêtres, et l'église catholique n'a pu rester en arrière.

Il est inutile de disputer sur la polygamie, puisqu'en fait elle existe partout et qu'il ne s'agit que de l'organiser. Où trouve-t-on de véritables monogames ? Tous, du moins pendant un temps, et la plupart presque toujours, nous vivons dans la polygamie. Si tout homme a besoin de plusieurs femmes, il est tout à fait juste qu'il soit libre, et même qu'il soit obligé de se charger de plusieurs femmes ; celles-ci seront par là même ramenées à leur vrai rôle, qui est celui d'un être subordonné, et l'on verra disparaître de ce monde la *dame*, ce *monstrum* de la civilisation européenne et de la bêtise germano-chrétienne, avec ses ridicules prétentions au respect et à l'honneur ; plus de dames, mais aussi plus de ces malheureuses femmes, qui remplissent maintenant l'Europe ! —

... Il est évident que la femme par nature est destinée à obéir. Et la preuve en est que celle qui est placée dans cet état d'indépendance absolue contraire à sa nature s'attache aussitôt à n'importe quel homme par qui elle se laisse diriger et dominer, parce qu'elle a besoin d'un maître. Est-elle jeune, elle prend un amant ; est-elle vieille, un confesseur.

Le mariage est un piège que la nature nous tend. — (M. 335.)

L'honneur des femmes, de même que l'honneur

des hommes, est un « esprit de corps » bien entendu. Le premier est de beaucoup le plus important des deux ; parce que dans la vie des femmes les rapports sexuels sont la grande affaire. — L'honneur pour une jeune fille consiste dans la confiance qu'inspire son innocence, et pour une femme dans sa fidélité à son mari. Les femmes attendent des hommes et exigent d'eux tout ce qui leur est nécessaire et tout ce qu'elles désirent. L'homme au fond n'exige de la femme qu'une seule chose. Les femmes doivent donc s'arranger de telle manière que les hommes ne puissent obtenir d'elles cette chose unique qu'en échange du soin qu'ils s'engagent à prendre d'elles et des enfants futurs : de cet arrangement dépend le bonheur de toutes les femmes. Pour l'obtenir, il est indispensable quelles se soutiennent et fassent preuve d'esprit de corps. Aussi marchent-elles comme une seule femme et en rangs serrés vis-à-vis de l'armée des hommes, qui, grâce à la prédominance physique et intellectuelle, possèdent tous les biens terrestres ; voilà l'ennemi commun qu'il s'agit de vaincre et de conquérir, afin d'arriver par cette victoire à posséder les biens de la terre. La première maxime de l'honneur féminin a donc été qu'il faut refuser impitoyablement à l'homme tout commerce illégitime, afin de le contraindre au mariage comme à une sorte de capitulation ; seul moyen de pourvoir toute la gent féminine. Pour atteindre ce résultat, la maxime précédente doit être rigoureusement respectée ; toutes les femmes avec un véritable esprit de corps veillent à son exécution. Une jeune fille qui a failli s'est rendue coupable de trahison envers tout son sexe, car si cette action se généralisait, l'intérêt commun serait compromis ; on la chasse de la communauté, on la couvre de honte ; elle se trouve ainsi avoir perdu son honneur. Toute femme doit la fuir comme une pestiférée. Un même sort attend la femme adultère parce qu'elle a manqué à l'un des termes de la capitulation consentie par le mari. Son exemple serait de nature à détourner les hommes de signer un pareil traité, et le salut de toutes les femmes en dépend. Outre cet honneur particulier à son sexe, la femme adultère perd en outre l'honneur civil, parce que son action est une tromperie, un manque grossier à la foi jurée. L'on peut dire avec quelque indulgence « une jeune fille abusée » on ne dit pas « une femme abusée ». Le séducteur peut bien par le mariage rendre l'honneur à la première, il ne peut pas le rendre à la seconde, même après le divorce. — À voir clairement les choses, on reconnaît donc qu'un *esprit de corps* utile, indispensable, mais bien calculé et fondé sur l'intérêt, est le principe de l'honneur des femmes : on ne peut nier son importance extrême dans la destinée de la femme, mais on ne saurait lui attribuer une valeur absolue, au delà de la vie et des fins de la vie, et méritant qu'on lui sacrifie l'existence même...

Ce qui prouverait d'une manière générale que l'honneur des femmes n'a pas une origine vraiment conforme à la nature, c'est le nombre des victimes sanglantes qui lui sont offertes, infanticides, suicides des mères. Si une jeune fille qui prend un amant, commet une véritable trahison envers son sexe, n'oublions pas que le pacte féminin avait été accepté tacitement sans engagement formel de sa part. Et comme dans la plupart des cas elle est la première victime, sa folie est infiniment plus grande que sa dépravation. — (P. I. 388.)

FIN
